Dona Rosinha

Memórias do meu quilombo

PALLAS

EDITORAS
Cristina Fernandes Warth
Mariana Warth

COORDENAÇÃO EDITORIAL E CAPA
Daniel Viana

ASSISTENTE EDITORIAL
Joelma Santos

PREPARAÇÃO DE TEXTO
Meira Santana

REVISÃO
Nicolly Vale; Joelma Santos

IMAGEM DE CAPA
Rafael Pereira, *sem título*, 2022.

Este livro segue as novas regras
do Acordo Ortográfico da Língua Portuguesa.

DADOS INTERNACIONAIS DE CATALOGAÇÃO NA PUBLICAÇÃO (CIP)
(CÂMARA BRASILEIRA DO LIVRO, SP, BRASIL)

Rosinha, Dona
Memórias do meu quilombo / Dona Rosinha. -- 1. ed. -- Rio de Janeiro : Pallas Editora, 2025.

ISBN 978-65-5602-184-3

1. Família 2. Literatura brasileira 3. Memórias 4. Quilombo Morro Santo Antônio - Itabira (MG) 5. Racismo 6. Trajetória pessoal de vida I. Título.

25-304779.0 CDD-B869.803

Índices para catálogo sistemático:
1. Memórias : Literatura brasileira B869.803
Maria Alice Ferreira - Bibliotecária - CRB-8/7964

PALLAS EDITORA E DISTRIBUIDORA LTDA.
Rua Frederico de Albuquerque, 56 — Higienópolis
CEP: 21050-840 — Rio de Janeiro — RJ
Tel.: 21 2270-0186
www.pallaseditora.com.br | pallas@pallaseditora.com.br

À minha neta, Ana Luiza Nunes de Souza,
à minha família e a toda a comunidade quilombola
do Morro Santo Antônio

Sumário

Nota da editora

No dia 2 de novembro de 2023, por volta das 15h30 da tarde, começou a chover mensagens no meu telefone. Fotos, áudios, mensagens enviadas por diferentes pessoas. Elas estavam mobilizadas, sensibilizadas e emocionadas. A mensagem mais marcante foi a do autor Tino Freitas, que fazia uma narrativa fiel do momento que ele presenciou no Quilombo Morro Santo Antônio, em Itabira.

Tratava-se do encontro entre Rosemary (conhecida carinhosamente como Dona Rosinha) e Conceição Evaristo, no qual Dona Rosinha pediu para ler um de seus relatos para Conceição. Seu relato de vida fez essas testemunhas me ligarem para dizer: "Mariana, você é a editora para publicar o livro de Dona Rosinha".

Conceição deu um de seus livros de presente para Dona Rosinha, *Becos da memória*, e foi selada essa cumplicidade entre as duas; assim como foi selado também o destino da publicação deste livro.

Dona Rosinha escreveu suas memórias num caderninho escrito à caneta. Estas foram transpostas da folha de caderno para a página em branco do Word pelo filho de Dona Rosinha, Vinicios, que atuou como porta-voz de sua mãe, participando e sendo consultado em todas as etapas editoriais de trabalho com o texto.

A maneira de Dona Rosinha mesclar oralidade e linguagem formal em sua escrita nos chamou atenção e, para termos certeza de que o texto recebido representava de fato a escrita da autora, solicitamos fotografias do caderno de memórias de Dona Rosinha e realizamos o cotejo entre os escritos, o que nos confirmou que aquele era mesmo seu jeito de escrever. Daremos alguns exemplos.

Dona Rosinha utiliza os pronomes oblíquos *-me*, *-se*, *-o*, *-a*, *-lo*, *-la*, *-na* para retomar a pessoa sobre a qual ela fala. Em outros casos, a autora repete o nome do sujeito em vez de substituí-lo por um pronome. Outra característica de sua escrita é o emprego de vírgula e ponto e vírgula conforme a norma culta da língua, ainda que este último seja um sinal de pontuação cujo uso correto causa dúvidas até em escritores renomados.

A natural transição entre oralidade e escrita formal para Dona Rosinha pode ser percebida quando ela utiliza construções como "Acabamos mudando para lá também", "Ele chamava José Antônio", "Quando foi umas seis e pouco" — típicas da fala cotidiana —, "Levaram-me embora", "Com o tempo, passei a vê-la como uma mãe", "Alguns anos depois, escolheram-na para me consagrar" — típicas da norma-padrão da língua portuguesa.

Assim, a edição da obra (durante as etapas de preparação de texto e primeira e segunda revisões de prova) não trouxe mais formalidade ou coloquialidade para a escrita de Dona Rosinha, prezando pelo respeito ao modo dela de escrever.

As lacunas existentes no texto foram preenchidas pelas várias conversas entre a equipe editorial e Vinicios, que confirmava com a mãe os nomes das pessoas, as datas, os lugares, uma informação não contada no texto.

É possível ainda que a curiosidade do leitor sobre determinado acontecimento na vida de Dona Rosinha não seja de todo saciada, pois o jeito dela de contar histórias deixa no leitor/ouvinte o desejo de ler/ouvir mais, o que é artifício literário característico dos bons escritores.

Agradecemos às pessoas que intercederam por Dona Rosinha, fazendo com que esta obra chegasse aos leitores de todo o Brasil, e agradecemos também à Dona Rosinha e ao seu filho, Vinicios, pela espera, por acreditar no nosso trabalho e por compartilhar seus escritos.

Mariana Warth
Editora

Joelma Santos
Assistente editorial

Boa prosa, a de Dona Rosinha

Conceição Evaristo

Apresentar o conjunto de relatos que compõe este pequeno livro me trouxe uma profunda satisfação. Porque, se pequeno é em sua materialidade, grande, imenso, é o seu significado. Trata-se de um livro que encena o movimento de uma pessoa das classes populares que se apropria da escrita para salvaguardar as suas memórias.

No ato de escrever, de registrar passagens de sua vida, Dona Rosinha executa um duplo movimento. O que afirma o direito à escrita e o que busca assegurar o direito à memória, que não é só dela, mas que é também de pertença coletiva.

A narrativa de *Memórias do meu quilombo* se assemelha com memórias registradas por outras mulheres que, como Dona Rosinha, experimentaram e/ou experimentam condições de vida semelhantes à dela. O rememorar da moradora do Quilombo Morro Santo Antônio, em muitas passagens, recorda fatos, sentimentos, realidades vividas e também escritas por Carolina Maria de Jesus no livro *Quarto de despejo*. Outros registros de vida que igualmente podem ser lidos em diálogo com as narrativas de Dona Rosinha são as escritas de Maria de Jesus da Silva (Zuza), no livro *Divã de papel*, assim como as memórias publicadas de Celeste Estrela, no livro *Coroação preta*.

Todas elas, como Dona Rosinha, são mineiras relatando as suas vidas, testemunhando que, do chão da terra, das casas-casebres de pau a pique e barro, das favelas, dos morros, dos quilombos, desses espaços segregados por vários motivos, brotam desejos de leitura e escrita. Em meio à fome, à carência, brotam amores e poesia.

Brota a boa prosa a nos conduzir pelos caminhos da memória de Dona Rosinha, em um constante ir e vir. Acompanhamos seus relatos com a impressão de que estamos lendo-escutando ou escutando-lendo os causos de quem entra-e-sai dos becos, atravessa as portas, cruza as ruas, desce e sobe ladeiras, afunda os pés na poeira, escorrega no barro, cai e levanta, tropeça na "pedra no meio do caminho" avistada por Carlos, o poeta também itabirano.

Boa a prosa de Dona Rosinha, direta, mas também incorporada pelo sotaque mineiro e por um linguajar que nos traz algumas vezes expressões de um português antigo, misturado a um dialeto regional, com algumas palavras que só se escutam em Minas. A escrita de Dona Rosinha transita entre a oralidade e um consciente exercício de quem está atenta às regras normativas da língua escrita.

Uma dinâmica própria da oralidade aparece na construção do texto. Dona Rosinha, a voz narradora, se dirige à pessoa leitora como se estivesse falando com um ouvinte. Na contação escrita dos fatos, ela avisa que a história não acabou, que outros fatos serão contados depois: "Em outra ocasião vou falar sobre essa época".

Observa-se que a narradora, em páginas bem adiante, ao escrever sobre os seus avós de criação, faz o seguinte registro: "Quero *falar* um pouco dos meus avós de coração". Ela não diz "quero *escrever*", mesmo estando no exercício da escrita.

Se boa é a prosa de Dona Rosinha, melhor a sua caminhada, ela que tropeçou várias vezes "na pedra no meio do caminho", pulou o obstáculo, saciou-se do nada, vencendo a fome relatada no capítulo **O mundo dos pobres**.

> [...] *nossa única preocupação era comer.*
>
> [...]
>
> *Para mim, existia apenas dois mundos, o dos ricos e o dos pobres, e nós fazemos parte do mundo dos pobres. E põe pobre nisso!*

Outras lembranças da fome, da carência de roupas, de sapatos, das coisas básicas da vida, vão sendo relatadas no decorrer da narrativa. Entretanto, há recordações vivas de acolhimento, da vivência de formação familiar para além dos laços sanguíneos. Tias, tios, avós, avôs, madrinhas, padrinhos, pessoas que se abrem em maternagem umas para com as outras, formando um grande clã. A memória de Dona Rosinha ressalta uma prática quilombola como salvação da miséria, vivida nos espaços marcados por uma pobreza material, seja na cidade ou na roça, em Belo Horizonte, em Contagem ou em Itabira. É preciso viver a repartição do pouco que se tem com quem não tem nada. Essa é uma das experiências narradas por Dona Rosinha em um longo período em que esteve doente, impedida de trabalhar.

Assim ela escreveu neste trecho:

> *Vinicios sempre teve leite* [...]. *Eu pedia a alguém para trazer o leite para o Vinicios, e minha madrinha sempre me dava uma lata de leite Ninho vazia, cheia de gordura e carne. E isso não era só comigo; havia outras pessoas que ela ajudava da mesma maneira.*

Há muito o que dizer deste livro *Memórias do meu quilombo*, uma consideração puxa a outra. Leio a escrita de Dona Rosinha como *escrevivência*. Um relato em primeira pessoa, mas que não se esgota angustiado na vida de um único eu, como um egocêntrico e narcísico desabafo. Aliás, ao escrever suas memórias, há um único instante de uma dolorosa introspeção, relatada no capítulo **Derrotada**. Ali, a narradora, ensimesmada, se debruça sobre si mesma, sobre um fracassado e "derrotado" eu, como ela mesma se reconhece naquele momento. Mas não se paralisa na dor e nem no desabafo, parece não ser essa a intenção de Dona Rosinha ao relatar as suas memórias. Mesmo quando traz a memória de sua dor, de seu desamparo, ela contrapõe a esperança, o comprometimento com a vida. Tinha um filho para criar.

Suas rememorações colocam um sujeito coletivo no centro da cena. Ela cumpre uma escrita que apresenta um eu/nós, da qual Tita, tio Joaquim, tio Caetano, tia Ruthi Vitória, Manuela, dona Geralda, tia (Maria do Quartinho/Titita), Vicência, as meninas de tio Vitório e mais e mais pessoas fazem parte. Além dos cachorros apelidados com nome de gente e dos espaços geográficos que, antes de tudo, são lugares afetivos.

Boa é a prosa de Dona Rosinha, tão boa que, ao finalizar a conversa/leitura, ficamos com desejo de ler/ouvir mais.

Conceição Evaristo
Agosto de 2025

Bênção, mãe, vá com Deus

Tenho poucas lembranças da minha mãe. Jaci Ferraz dos Santos, esse era o nome dela. Recordo do beco onde nasci, e é o único lugar em que tenho lembranças de mamãe. Ela saiu para trabalhar e eu fiquei com meu pai e a amiga Maria de Lourdes, que todos conheciam pelo apelido de Maria do Quartinho, por causa do menor quarto que tinha no beco. Muitas coisas que sei dos moradores do beco e da minha mãe, soube um tempo depois, porque Maria do Quartinho me contava. Minha mãe veio muito nova de Pedra Azul, mas nasceu na região da Bahia. Por causa de um namorado, às escondidas, foi expulsa de casa pelo meu avô e veio para Minas, para Belo Horizonte. Não conhecia ninguém e acabou nas mãos de cafetinas, o que era muito comum naquela época. As mulheres prostitutas eram muito discriminadas. Eu nasci em 1959 e, pelo que fiquei sabendo, depois de vários abortos que mamãe fez. E, mesmo com várias tentativas de aborto, fui a única sobrevivente.

Minha mãe era brava, mas cuidava muito bem de mim.

O companheiro dela, que eu achava ser meu pai, também cuidava muito bem de mim. Só tenho boas e poucas lembranças dele. Lembro-me de dois momentos marcantes com minha mãe: quando eu caí no bueiro da rua Guanabara e subi na cama dela toda suja de esgoto. Ela me deu banho de mangueira, acompanhado de mangueiradas, por ter subido na cama toda suja. Nunca meu pai foi bravo comigo, sempre me tratou com muito carinho. Outra lembrança que tenho é de que mamãe gostava de beber um pouco além da conta. Meu pai sofreu muito com essa situação. Assim, minha mãe de criação (Maria do Quartinho) me contou que o proprietário dos barracos do beco chamava a polícia, que a levava. Não sei se estou enganada, mas tenho algumas lembranças de um carro tipo carrocinha que levava minha mãe, mas logo meu pai voltava com ela. Lembro de quando ela estava internada e papai me levou à portaria do Hospital Sarah Kubitschek para que eu a visse pela última vez. Lembro muito de suas mãos com as unhas lindas e cuidadas, fazendo carinho no meu rosto, e de seus abraços. Depois desse dia, numa madrugada, acordei com as mulheres do beco — Luzia, Tita, Maria do Quartinho, Geni, Téia, Agostina, Sandra, Conceição e Eldice (essas três últimas, filhas da minha madrinha Maria Augusta) — todas gritando e chorando porque mamãe havia morrido. Minha mãe morreu! O que era morrer? Eu nem sabia o que era morrer. Bom não era, porque todos choravam muito chamando o nome da mamãe.

Do hospital, ligaram para a casa de uma senhora que morava em frente ao beco, amiga da minha madrinha Maria Augusta. Para mim, a casa dela era diferente. Todos nós do beco morávamos em um cômodo, e ela, em uma casa com vários cômodos. Tinha TV e um telefone preto, que era o único nas redondezas. Meu pai me levou para a casa de uma amiga e parenta de Maria do Quartinho, que era do Quilombo Morro Santo Antônio e tinha ido para Belo Horizonte. Fiquei lá brincando com as crianças enquanto providenciavam o velório e o enterro de mamãe. Voltei ao beco só para dar a Deus minha mãe, ela linda dentro daquela caixa. Pensei que estava dormindo. Meu pai disse algumas palavras para que eu repetisse: "Bênção, mãe, vá com Deus. Vou sentir saudades, mas depois eu e papai vamos nos encontrar com você". Ele disse isso chorando comigo no colo e falou que mamãe tinha que viajar e que nós iríamos depois. Um ano e 19 dias depois, meu pai iria ao encontro de minha mãe.

Eu não tenho asas

Minha vida mudou muito depois que mamãe morreu. Fui morar na casa da irmã do meu pai, tia Sirene, e meu pai também foi para lá. Ele ficou muito debilitado depois da morte de mamãe. Passava mais tempo no hospital do que em casa. Eu, uma criança de uns cinco anos, me sentia sozinha com pessoas totalmente estranhas. A família do meu pai não me recebeu com boa vontade; afinal, eu não era filha legítima dele e, portanto, não fazia parte daquela família. Nunca fui maltratada fisicamente, mas passei muita vontade de comer, vivia com os cabelos todos sararás, ninguém se preocupava em pentear. Era muito duro e a família era genuinamente branca.[1] Mas eu tinha um anjo em minha vida que nunca me abandonou. Lembra da Maria do Quartinho? Pois é, ela saía do beco no bairro Concórdia[2] para ver como eu estava lá no Bairro do Horto. Eu amava suas visitas, que sempre traziam coisas gostosas para mim. No entanto, o xarope, que tinha um homem carregando um peixe enorme nas costas, era horrível.

Nesse momento, eu comia à vontade, mas, assim que Maria do Quartinho virava as costas, tudo que ela havia trazido era confiscado. Eu não via mais nada, nem o xarope ruim. E assim foram meus poucos anos de vida

---

1 N.R.: Ao rememorar episódios de racismo em sua infância, a autora, ao longo do livro, reproduz os violentos termos e adjetivos ouvidos à exaustão.

2 N.R.: Localizada no nordeste de Minas Gerais, Concórdia é considerada uma "Pequena África" de Belo Horizonte, por manter tradições e saberes de religiões afro-brasileiras.

com essa família, que ficou pior depois que meu pai morreu. Comi muita casca de banana na feira do Horto e pimentão, que encontrava nos tambores onde eram descartados com outros legumes que já não davam para vender. Isso durou mais ou menos um ano e alguns meses. Em uma tarde, quando o rapaz que trabalhava de carteiro veio entregar uma correspondência na casa da tia Sirene, eu o reconheci por coincidência e bênção de Deus. Ele morava no beco onde nasci, lá no bairro Concórdia. Pedi que ele me levasse para lá, fingi que avisei à tia Sirene e fui com ele. Cheguei no beco e foi aquela alegria. Comi metade de uma rosca e um caneco de Toddynho que a Maria do Quartinho fez para mim. Quando eu estava brincando com os amiguinhos do beco, chegou tia Sirene com o filho. Eles iam me buscar. Ele sempre dizia: "Essa menina não é fácil! A gente tem que cortar as asinhas dela". Eu só pensava: "Eu não tenho asas!". E aí voltei para o Horto. As coisas melhoraram um pouco quando apareceu outra tia, prima de mamãe, tia Lídia, uma moça bonita com um cabelo maravilhoso. Lembro que fiquei encantada com o cabelo dela, o meu era muito grande, mas muito duro. Essa tia trabalhava e morava em uma casa onde era empregada, começou a frequentar o beco e, às vezes, levava alguma coisa para mim.

Dia das Mães

Mamãe tinha deixado um dinheiro para mim e nós não tínhamos conhecimento disso. Só sei que fomos parar no Juizado de Menores. Minha tia Lídia conseguiu receber o dinheiro, mas gastou quase tudo. Ela queria ser minha tutora para ficar com o dinheiro. Foi um período muito difícil para nós. Tia Lídia tentou até me sequestrar. Enfim, ela se comprometeu a devolver o dinheiro e nunca mais a vimos, nem o dinheiro. Antes disso, eu tinha ficado ainda uns três ou quatro meses com a tia Sirene. Depois Maria do Quartinho conseguiu a minha guarda com o juiz. Ela continuou cuidando de mim, mesmo sem recursos. Lavava roupa e passava, assim dava para sobreviver. Quando chegou a idade para ir à escola, começou o preconceito, só que não havia conhecimento sobre isso. Aliás, não existiam as leis que temos hoje. A primeira escola em que tia (passei a tratá-la como tia, e não mais como Maria do Quartinho) tentou me matricular foi na Escola Estadual Flávio dos Santos, acho que ainda existe no Bairro da Graça, pertinho da Concórdia. Eu estava limpinha, com Havaianas, e a primeira coisa que o pessoal disse foi que, caso eu fosse matriculada, não poderia ir de chinelo, e sugeriram que eu cortasse meus cabelos, porque eram muito sararás. Finalmente, informaram que não havia vagas. Conseguimos outra vaga no Colégio Estadual Sarah Kubitschek. O preconceito também estava presente lá. Uma professora tentava combater o preconceito, mesmo não existindo leis. A minha luta contra o preconceito, mesmo sem saber o que era, sempre foi ser a melhor aluna da classe. Aconteceu que, na escola, fui destaque. Quando o Dia das Mães chegou, minha tia foi a única homenageada, representando todas as mães daquela escola. Preta, usando peruca, sendo muito criticada e sofrendo preconceito porque foi escolhida pela diretoria. Não sei por quê, mas adorava quando isso acontecia. Tudo era muito difícil para nós, mas era diferente de quando eu morava com a irmã do meu pai. Aquela preta maravilhosa não tinha nada, mas amor e carinho não faltavam. Todas as dificuldades passamos juntas.

O mundo dos pobres

Luiz, marido da Tita, deu entrada em um lote em Contagem, só para participar do chope oferecido aos compradores que davam sinal. Nessa época, Tita trabalhava na casa de dona Efigênia já há muitos anos. Com o apoio dessa família, Tita não deixou as prestações atrasarem e ainda conseguiu fazer um cômodo, saindo do aluguel. Eu e tia[3] ficamos de aluguel na Rua Dez do Jardim Alvorada. Foi muito ruim quando a gente se separou. Tita construiu sua casa próximo de onde seria o Ceasa, bem distante de nós. Antes dessa mudança em nossas vidas, voltando à rua Flor do Baile, ainda no bairro Jardim Alvorada, a única renda da família era o salário do Luiz, marido da Tita, e só dava para pagar o aluguel e a luz. Tia Tita tentava conseguir alimentos para nós, buscava lavagem no restaurante onde tinha trabalhado na Avenida Paraná, no centro de Belo Horizonte. Seu Pedro era o nome do proprietário. Eu gostava de ir buscar lavagem com tia, porque a cozinheira, amiga da tia, me dava comida escondida na cozinha (com bife enorme). Eu tinha que comer depressa antes que alguém chegasse. Às vezes eu estava comendo e de repente me tomavam o prato e jogavam a comida no lixo. Isso porque Seu Pedro estava chegando, e eu, que sempre deixava o bife para saborear no final, ficava sem ele. Sempre que recordo desse tempo peço a Deus pela cozinheira dona Carmelita,

3 N.E.: A partir deste ponto das memórias contadas, ao escrever somente "tia", Dona Rosinha se refere à Maria do Quartinho, sua mãe de criação.

com certeza já falecida. Quando eu lembro desse tempo, vejo que nossa única preocupação era comer. Roupa eu ganhava muita das filhas da ex-patroa de tia. Uma vez ganhei cada vestido, um mais lindo do que o outro. Muito tempo depois, fiquei sabendo que eram das moças de uma casa de encontro onde tia trabalhou como faxineira. Nossa vida era assim, difícil, mas com muita alegria. As pessoas sempre sentiam prazer em ser amigas da nossa família, que era uma mistura danada. Luiz criava o sobrinho, filho da cunhada que foi violentada pelo patrão. No barraco deles morávamos tia, eu, duas cunhadas e Marcelo. Essa família ia só aumentando, e comida era cada vez mais difícil. Mas eu me sentia feliz. Para mim, existia apenas dois mundos, o dos ricos e o dos pobres, e nós fazemos parte do mundo dos pobres. E põe pobre nisso! Tia, minha mãe de criação, sempre me falava: a maior riqueza que temos neste mundo é o amigo verdadeiro, e realmente, sempre nos momentos mais difíceis de nossas vidas, ela tinha alguém a quem recorrer. Quando morávamos no bairro Jardim Alvorada, tia me matriculou na Escola Eliseu Laborne e Vale, onde continuei a ser destaque. Também nessa escola e nesse bairro conheci minhas queridas amigas de infância, adolescência e até dos dias atuais. A primeira que conheci foi a Mara. Tinha um cabelo maravilhoso. Através dela, conheci toda a família. Foi uma época maravilhosa de nossas vidas. A mãe das minhas amigas ficou muito amiga da minha tia e da Tita. O nome dela era Geralda. Nos ajudou muito com alimentos. Nessa época, dona Geralda já tinha quatro filhos: Berenice, Marisa, Marília e Márcio. Sempre que nascia um bebê, tia ficava com dona Geralda, e ela era muito generosa com tia, por nos ajudar pelo apoio que tia prestava à família. Em outra ocasião vou falar sobre essa época.

Maria Gregória Ventura (dona Tita), matriarca do Quilombo Morro Santo Antônio

Agora eu vou falar da tia Tita, que nessa época era conhecida por Tico.

Maria Gregória Ventura, mais conhecida como Tico, e hoje tia Tita ou dona Tita. Graças a Deus em nossas vidas há mais de 100 anos, dos quais faço parte há uns 60. Comemoramos o centenário da Tita no ano de 2024.[4] Quantas lembranças tenho do tempo que vivi e vivo no dia a dia da sua vida! Nasceu no Morro Santo Antônio, em Itabira, no dia 2 de agosto de 1924, onde viveu seus primeiros anos com muita luta, muito trabalho. Tita não sabe o que é ter infância, passou a sua panhando café nas lavouras vizinhas. E nas lavouras andava muitos quilômetros para chegar nas fazendas de café. Perdeu a mãe muito cedo, viu o pai maltratá-la inúmeras vezes, chegando mesmo à violência física. O pai logo arrumou outra, daí começou mais uma parte triste da história da ainda tão criança Tita. O pai mudou com a nova família para Florença, uma região próxima a Santa Maria. Lá o sofrimento era dobrado, Tita trabalhava o dobro, se alimentava do que era dado aos porcos, como inhame cozido, mandioca e outras coisas. Roupas não tinha, e as que tinha já estavam cheias de nós, que ela dava onde rasgava. Dormia ao relento ou com os porcos. Quantas

---

4 N.R.: Em homenagem concedida pela Polícia Civil de Minas Gerais, e através da Lei Municipal n. 5.471, de 6 de novembro de 2023, o ano de 2024 foi reconhecido em Itabira como o "Ano Municipal do Centenário da Matriarca Quilombola Tita". Maria Gregória Ventura, dona Tita, foi também tema do documentário *Tita: 100 anos de luta e fé* (2024).

vezes dormiu no paiol, onde era colocado o milho colhido durante o ano. Esse era seu colchão. Mesmo que espetasse o corpo, era ali que dormia. O corpo, tão esgotado e cansado, nada sentia. Sua esperança surgiu quando viu um senhor que conhecia e sabia que estava indo para o Quilombo Morro Santo Antônio. A ele pediu socorro, e foi a sua salvação. Tinha esperanças de ficar livre daquele sofrimento nas garras da madrasta e indiferença do pai. Quando voltou a morar com tio Joaquim, tia Maria Luzia e a prima Maria de Lourdes, que era conhecida como Titita,[5] as coisas começaram a melhorar para Tico (Tita). Ficou muito tempo com eles e estudou o básico. Pelo menos aprendeu a ler e a escrever. Já na idade adulta, na década de 1940, ela e algumas primas decidiram ir trabalhar em Itabira, em casa de família. Depois de algum tempo, foram para Belo Horizonte, onde morou em vários lugares. Morou na Comunidade da Serra, na Cabeça de Boi e depois no Beco do Velho Miguel, onde minha mãe foi morar depois de algum tempo. Tita trabalhou na casa de dona Neusa, no Colégio Batista. Eu adorava ir com ela só para comer coisas gostosas, e ganhava roupas das filhas de dona Neusa. Ela trabalhou também na casa de dona Efigênia e Seu Jesus. Nessa casa, Tita trabalhou em dois momentos, antes de morar no beco onde conheceu minha mãe. A primeira

5 N.E.: Este é o apelido pelo qual Maria do Quartinho (Maria de Lourdes) era carinhosamente chamada pela família.

vez, ela trabalhou de babá, cuidando do doutor Licio (in memoriam) e da irmã Leide, e ela tem grande carinho por eles até hoje.

Foi assim que nossos caminhos se cruzaram. Todos que moravam no beco mais pareciam família do que inquilinos. Lembro de Tita namorando, às vezes com dois rapazes. Os dois eram borracheiros. Um ia embora, o outro chegava, e eu fazia muita confusão. Os dois usavam macacão sujo de graxa.

Começava meu interrogatório de criança, perguntando: "Você já esteve aqui hoje?". E o namorado dela respondia que não. Eu ficava muito intrigada. No final, Tita casou com o Luiz, um desses namorados. Era bem mais jovem do que ela, aí a sogra não via com bons olhos aquele casamento.

Casaram só no civil. Um tempo depois, mudaram para o bairro Jardim Alvorada. Era um loteamento novo, sem energia e com pouquíssimas casas. Eu e tia, minha mãe de criação, íamos todo final de semana para casa da Tita, um barraco de três cômodos. Acabamos mudando para lá também e a família só foi aumentando. Já éramos uns cinco adultos e duas crianças. A renda da casa era apenas do marido da Tita, e a sogra dela pegava parte desse dinheiro e deixava só o do aluguel. As coisas estavam realmente difíceis para todos nós. Mas era uma dificuldade que todos passávamos juntos. Vontade de se alimentar, frio, a casa cheia de goteiras. Era uma peleja danada. Hoje acho muito engraçado que passávamos tantas dificuldades, mas nunca lembro de estar triste. Eu e Marcelo, filho de criação da Tita, sempre estávamos alegres e cheios de esperança. Não tínhamos o que comer, mas sempre a certeza de que tia e Tita iam conseguir algo pra gente. Elas davam sempre um jeito. Tita trazia as peles dos frangos que limpava na casa de dona Efigênia. Perto de onde morávamos tinha um terreno vago onde o pessoal sempre descartava alguma coisa. Eram bananas velhas, era açúcar preto, e tudo era aproveitado pra gente comer, fora a lavagem dos porcos que eu recolhia nas casas. A gente aproveitava tudo que era possível.

Tita buscava lavagem em restaurantes, quitandas, e ninguém dormia. Além de tudo isso, ela brincava de peteca de bananeira, que fazia pra nós. Jogávamos bola, brincávamos de rouba-bandeira e amarelinha. Com muita luta, compraram um lote (o que Luiz tinha dado entrada para participar do chope) no bairro Jardim do Lago, em Contagem. Construíram um cômodo só, à beira de um brejo cheio de taboa. Eu e tia continuamos no bairro Jardim Alvorada.

Tita lutou muito para construir o seu barraco. Depois de algum tempo, ela o trocou por um lote de esquina, em um lugar melhor, no mesmo bairro.

Com o dinheiro que receberam na troca do lote, Tita fez um quarto. Fizeram um puxadinho de latas vazias de tinta. Foram abrindo e usando como parede, fazendo assim uma cozinha de latas. Quando o fogão de lenha esquentava e a gente encostava na parede de lata, queimava os braços. Para sair de tanta dificuldade, Tita passou a trabalhar em três casas por semana, além de lavar roupa para fora. Tita também cozinhou em uma trempe por cima de quatro tijolos. Assim economizava o dinheiro do gás. Isso durou seis meses. Foi assim que finalmente conseguiram levantar três cômodos e bater a laje.

Eu e tia continuamos a morar no bairro Jardim Alvorada, mas quase todo final de semana a gente ia ao Jardim do Lago para a casa da Tita. Era muito gostoso passar o final de semana lá na casa dela. E assim foi passando o tempo. Ela conseguiu montar um barzinho, fez muitas amizades no bairro. No barzinho, ela vendia salgados, bebidas e tinha uma mesa de sinuca. Era o barzinho da dona Tita. Era muito bom. Todo mundo gostava de passar lá ao retornar do serviço pra tomar uma. E nesse bar Tita perdeu seu marido pra outra mulher, que sempre estava lá tomando cerveja. Ela chamava Judity e era da mesma idade da Tita.

Foi o maior sofrimento. Tita gostava muito do marido. Nós fazíamos de tudo para ajudá-la. A gente saía e levava ela para passear. Isso era todo final de semana. Íamos para os bailinhos, as discotecas e os barzinhos, e ela sempre lembrando dele. Assim se passaram muitos anos, ela se recuperou daquela paixão e teve alguns namorados. Depois de um tempo, o marido ficou doente e a amante já queria devolvê-lo pra Tita. Mas ele faleceu antes. Tita providenciou o sepultamento e continuou sua vida.

Passou por outra grande luta: o filho adotivo se envolveu com drogas. Foi nesse período que ficamos muito preocupados e chegamos à conclusão de que era melhor ela vir aqui para o quilombo. Retornar às suas origens. Depois, Lady e Dina, amigas dela, conversaram e chegaram também à conclusão de que ela não poderia mais ficar ali naquela casa. Então venderam a casa e construíram aqui no nosso terreno. Ela veio para cá aproximadamente há mais de 20 anos. Graças a Deus está aqui conosco.

O filho, Marcelo, infelizmente morreu de Aids depois de um tempo. Graças a Deus não foi matado, o que era nosso medo. Hoje ela está aqui conosco, no meio das primas e dos primos. Tias ela não tem mais, já morreram todas. Passou parte de sua vida em Belo Horizonte, mas hoje está aqui no morro, onde nasceu e começou sua história. Essa é a história de Maria Gregória Ventura, a nossa querida Tita!

Meu casamento

Hoje, quando recordo esse dia, vejo que foi mais cômico do que o dia mais feliz. Sem mãe e sem pai para me orientar, contei com as amigas e Tita. No mais, com a família do Zico, meu futuro marido. Esses nada entendiam de organizar casamento. Casei aos 24 anos no civil, no dia 29 de julho de 1983, uma sexta-feira, na Igreja São Sebastião, no bairro Jardim do Lago, Contagem. O casamento foi das 14h até as 18h, e eu nem imaginava com qual vestido de noiva ia me vestir. Tentaram me ajudar emprestando o vestido, mas não deu certo por causa da minha pequena estatura. Na época, Tita tinha uma vizinha, uma senhora já de idade, muito amiga, dona Maria, vó da Luizinha, a gente a conhecia simplesmente assim. Sem que eu soubesse, essa senhora reformou um vestido que Zico buscou em Nova Lima, e o terno também, pois ele não tinha. Tanto o terno como o vestido eram de amigos e parentes de coração aqui do Quilombo Morro Santo Antônio. O vestido ficou lindo, e eu também, aí veio a preparação do que oferecer na festa, que aconteceu no barraco da Tita, três cômodos apenas, o banheiro lá no meio do quintal. Eu ganhei umas seis galinhas de granja vivas e um caixote de batatinhas. Até hoje não sei o que ia fazer com o que ganhei, inclusive depois que o cachorro da Tita, o Canzilo, comeu parte das galinhas. Já cozidas e desfiadas, acho que faria coxinhas. Dona Maria, aquela santa do vestido de noiva, preparou bolinhos de feijão deliciosos. Enfim, partimos para a igreja. Poucas pessoas, umas 20. Quem entrou comigo foi o Jorge, meu padrinho no civil.

O padre Pedro tinha fama de ser bravo igual ao padre José Lopes aqui de Itabira. Quando chegamos no altar, o padre pede à daminha a aliança, e não estava com ela. Começamos a procurar e estava com Naná, uma senhora grande amiga de minha mãe de criação, amiga de todos. Ela colocou no dedo e esqueceu. Quando foi entregar para o padre, a aliança caiu e saiu pulando no chão da igreja. Começou a segunda procura pela aliança, que foi parar quase na porta da igreja. Pensa que o casamento continuou? Nada, nós não sabíamos que tinha que apresentar a certidão do casamento do cartório e ficamos aguardando alguém que foi na casa da Tita buscar a certidão. Enfim, casamento realizado. Voltamos para a casa da Tita, onde o cardápio mais inusitado nos aguardava: carne seca cozida, bolinho de feijão, doce de mexerica e frango, que só tinha um pouco desfiado. Presentes ganhei poucos no dia. No domingo chegou uma caminhonete cheia de presentes das amigas de trabalho. Meu casamento foi diferente, mas muito bacana.

O caminhão

Depois que casei, moramos de aluguel na casa de um moço que chamava Seu Dengo e que morava lá no final do bairro Jardim do Lago, em Contagem. Moramos lá um tempo, mas eu chegava muito tarde do serviço, tinha que andar umas cinco quadras para chegar em casa. Então arrumamos um barraco perto da casa da Tita, que era mais próxima do ponto final do ônibus, na Avenida das Américas. Desse barraco, pouco tempo depois mudamos para outro barracão bonitinho que tinha na mesma rua. A proprietária era dona Maria, aquela que arrumou o vestido de noiva para o meu casamento. Tinha mais de quatro anos que dona Maria estava tentando vender esse barracão e não conseguia. Então ela resolveu alugar para nós, e mudamos para lá. Zico fez uma horta muito bonita. Lá era tudo murado, tinha três cômodos e um banheiro grande, muito bonitinho. Foi só entrarmos que apareceu um comprador. Nós tínhamos assinado um contrato de um ano, mas dona Maria pediu o barracão com três meses que estávamos morando lá. Ela devolveu o aluguel que a gente tinha pagado e deu uma mesa com seis cadeiras porque tinha acontecido quebra de contrato. Mudamos então para outro, ficamos lá um pouco, mas não deu certo também. Eu fui ficando desanimada. Pra completar, Zico começou a ficar viciado em jogos de baralho. Falei da minha vontade de voltar pra roça, e o Zico, que gostava muito daqui, concordou também. "Vamos, então. Consigo serviço de pintor fácil lá em Itabira." Ele era um ótimo pintor. Assim fizemos. Quando eu saí do serviço, recebi meu tempo. Zico ficou de arrumar o caminhão com um amigo, que naquela época cobrou 1.000 (não sei como se falava esse dinheiro, só sei que não eram reais). Zico saiu no sábado de madrugada, pegou o dinheiro e foi lá buscar o caminhão. Eu fui tirando os poucos móveis que tínhamos, muita coisa boa. Eu tinha ganhado muitos presentes quando casei. Tinha um compadre meu que trabalhava na Granero, e ele foi encaixotando tudo arrumadinho enquanto Zico foi buscar o caminhão. Era um sábado, 10 de dezembro de 1983. Eu esperei o dia todo até meia-noite. Uma hora da manhã, a Tita falou: "Rosinha, guarda essas coisas, vamos lá para casa". Eu coloquei as caixas todas para dentro do barraco de novo e fiquei esperando o Zico. Todo barulho de caminhão eu achava que era ele. No domingo, o Zico não apareceu. Ia ter jogo do Cruzeiro e Atlético e até a tarde ele não tinha aparecido. Eu comecei a ficar preocupada. Pensei: "Será que alguém roubou o dinheiro e matou Zico?". Era muito dinheiro! Fui para a delegacia lá em Contagem. O delegado me atendeu muito bem, telefonou para pronto-socorro, pra tudo quanto é lugar, pra ver se alguém com as características dele tinha dado entrada. Quando foi umas seis e pouco, o delegado falou: "Ó, você vai para sua casa, qualquer notícia a gente entra em contato, e a mesma coisa, se você tiver alguma notícia, você liga para nós". Levaram--me embora para casa na viatura da polícia. Quando o carro começou a descer a rua Chile, eu vi numa padaria o Zico sentadinho, tomando cerveja. Eu não falei nada com os policiais, que era Zico. Só agradeci e desci da viatura. Dei um tempo para eles saírem e cheguei perto do Zico. Ele tinha gastado meu dinheiro todo no jogo de baralho, gente! E já foi respondendo: "Não precisa dizer nada, minha mãe já me encheu o saco. Eu fui para o jogo e perdi o dinheiro todo". Moral da história: o cara que ia trazer a mudança guardou tudo na casa dele lá no bairro Amazonas e nós viemos de ônibus aqui para a roça. Chegamos aqui e a casa estava caindo aos pedaços, era de pau a pique. Demos uma ajeitada e aqui nós ficamos. Começou outra etapa da nossa vida. A gente passeava, ia para festas, ia para Itabira. Era muito legal. Ainda não tínhamos filhos. Aproveitamos, e muito, os quatro anos de casados.

Fubá suado e café

Eu sempre conto sobre as épocas de dificuldades que passei na vida, mas a que mais me marcou foi depois que meu filho nasceu. Quando descobri que estava grávida, já estava no quarto mês, três anos após o casamento. Lembro que no Carnaval de 1986 sentia muitas tonturas; achei que era por ter bebido muita cerveja. Nove meses depois, precisamente no dia 29 de outubro do mesmo ano, nasceu meu filho Vinicios.

Após muitas complicações, tive pré-eclâmpsia e sérios problemas com a anestesia; por pouco não perdi a vida, e meu filho também. Sobrevivemos, mas começou a época mais horrível da minha vida. Sentia dores que pareciam não ter fim e não conseguia carregar meu bebê. Achei que seria algo passageiro, mas não foi; anos se passaram, foram décadas de muito sofrimento.

Em 1987, quando Vinicios tinha quatro meses, ele ficou internado, com muita infecção no ouvido e nos brônquios. Passou várias vezes pelo hospital. Naquela época, as mães não podiam ficar no hospital com os filhos, apenas visitá-los três vezes ao dia. Eu ficava no apartamento de uma amiga que morava próximo ao hospital.

Foram dias terríveis, cheios de medo e pavor de perder meu filho. Ele chegou ao hospital com 11 kg e saiu com 4,8 kg; a boca estava cheia de feridas e as mãozinhas e os pés inchados de tanto soro mal administrado. Teve um dia em que eu e o pai chegamos ao hospital e não encontramos o Vinicios no quarto; ficamos desesperados, procurando por todo o hospital. Foi quando, em uma sala, vimos um grupo de umas cinco enfermeiras, todas ao redor de alguém que não conseguíamos ver. Só as ouvimos dizendo: "Ele é o Vinicios, não quer sangue e água". Uma enfermeira estava ensinando as outras a colocar soro na veia, começando pela cabeça e pelos pezinhos, que já estavam todos inchados. Foi horrível. O pai queria quebrar todo o hospital. Foi muito difícil, mas enfim assinamos o termo de responsabilidade e o tiramos do hospital.

Meu filho se recuperou com os chás e as sopas que a Raimunda fazia para ele, e assim, com muito suporte, resolvi meus problemas de coluna, com o apoio total da comunidade quilombola do Morro Santo Antônio.

Aqui no Morro Santo Antônio, eu considerava e ainda considero muitas famílias, mas havia três em especial. Raimunda foi a primeira que conheci assim que cheguei, e não conseguia passar um dia sem ir à casa dela. Minha tia gostava muito dela. Com o tempo, passei a vê-la como uma mãe, uma amiga. Incontáveis vezes Raimunda me ajudou. Meu Deus, quando cheguei do hospital com Vinicios, nem havia chegado direito em casa e ela já veio pegar o Vinicios, dizendo: "Meu menino não vai ficar nesse barraco todo mofado". E o barraco realmente estava; o piso era de terra, o barraco de pau a pique, e o chão estava todo mofado.

Vinicios e eu passamos a maior parte da nossa vida na casa dela. Raimunda e Mundico, seu esposo, eram como avós para Vinicios. Eles cuidavam dele e de mim. Nessa época, minha coluna estava cada vez pior, parecia um robô de tão rígida. Vinicios dormia no quartinho dos avós Raimunda e Mundico, e eu dormia com as minhas irmãs do coração, Vânia e Maria de Fátima. Eu me consultava regularmente em Itabira, mas tive que ir para Belo Horizonte e fiquei algum tempo na casa da minha sogra, que também era uma bênção na minha vida e que, coincidentemente, também se chamava Raimunda.

Eu nunca vi uma família que brigava tanto entre si como a do meu marido. Ele tinha sete irmãos, quatro mulheres e mais três irmãos além dele. Eu me dava bem com todos e passei a fazer parte da família como irmã, como filha, esquecendo completamente que era nora. Eles brigavam todo final de semana entre irmãos, pai e filhos; só ficávamos de fora eu e Vinicios. Dona Raimunda, coitada, sempre tentava separar as brigas, mas era difícil. E meu tratamento demorava a dar resultado.

Foi então que resolvemos alugar um barraco próximo à casa da minha sogra, uns três quarteirões de distância. O problema é que alugamos, mas, pagar que é bom, nada. Eu já nem conseguia levantar da cama sozinha, e meu marido ficava mais na casa da mãe para não ver a dona do barraco. Muitas vezes ficávamos só com água, mas alguém nos dava um pouco de fubá. Eu falava com o Vinicios: “Pede à Preta, a dona do barraco, para fazer fubá suado para nós”. Ela fazia uma panela grande, e, todas as vezes que ele dizia que a barriga estava doendo, eu sabia que era fome. Ele comia o fubá e tomava água; assim, conseguíamos dormir melhor.

Quando havia um pouco de arroz, eu pedia ao Vinicios, que nessa época tinha três anos e meio: "Filho, me traz uma panela". Ele olhava o sal e o arroz, colocava tudo na panela, adicionava água e levava para o fogão. Como nosso barraco era de um cômodo só, da cama eu ia orientando meu filho. Ele ligava todos os quatro botões do fogão, acendia o fósforo, e pegava fogo em todas as bocas. Eu ia falando da cama: "Vai apagando cada botão e deixa só um aceso", e ele colocava a panela de arroz no fogo. Assim, tínhamos mais comida por uns dois, três dias. Ele gostava de café como gente grande. Sempre que via propaganda de café na TV, pedia para todo mundo ficar calado; ele gostava tanto que prestava muita atenção.

Quando íamos à casa de alguém, eu dizia: "Vinicios, não pede nada na casa dos outros, só aceite se oferecerem". Uma vez, fomos à casa da tia Arminda, aqui no Quilombo, e ele estava querendo café. Para não dizer que estava pedindo, ele falou: "Meu nariz está sentindo cheiro de café", e olhou para mim dizendo: "Quase, mas não fui eu que pedi, foi meu nariz". Ninguém entendeu nada, só eu sabia o porquê. Enfim, as meninas fizeram o café que ele tanto queria.

Nesse período de doença na minha vida, eu escrevi algumas crônicas do que eu estava sentindo.

Derrotada

19 de junho de 1992

Eu hoje me sinto derrotada. Sempre fujo em pensamentos, tentando me enganar, de que não sou uma pessoa derrotada, mas agora creio que não tem jeito, tenho que encarar. Eu poderia lutar com qualquer coisa deste mundo e venceria, tenho certeza, mas me falta uma aliada importantíssima nesta minha guerra: a minha saúde, que a cada dia, cada hora, cada instante eu sinto menos. Não adianta a força de vontade que tenho, o pensamento positivo. A enfermidade vem com mais forças e derrota toda minha vontade.

Às vezes me agarro em alguém ou alguma coisa, mas de repente me sinto abandonada, vazia, só novamente. Aquele alguém, aquela mão amiga me solta, me deixa. Às vezes nem ela sabe o bem que me faz só de estar sendo minha amiga companheira, dizendo alguma coisa que me torne mais esperançosa, confiante e feliz. Às vezes só um olhar carinhoso me deixa toda feliz, esquenta meu coração, sabe, carinho pra mim é tão difícil. Tenho o carinho de meu filho, ele é maravilhoso, me abraça, me beija todos os dias. É meu amigo, aquele que sempre está ao meu lado. Acho que sinto vontade de viver por ele. Se Deus quiser, ele vai ser muito feliz. Desejo do fundo do meu coração.

Eu hoje estou muito triste, aliás, há dias me sinto como se estivesse esperando alguma coisa, não sei se ruim ou boa. Peço a Deus que seja boa, pois já não aguento mais coisas tristes e ruins em minha vida. Eu gostaria imensamente de ser feliz com meu filho, Deus que nos ajude.

Um dia, eu confio na força maior, vou vencer essa barreira que tanto me maltrata, me impede de ser feliz. Meu Deus, eu só quero ser uma pessoa normal, como todas, que luta, sofre, trabalha e tem seus problemas, mas, por favor, que eu tenha pelo menos um pouco de saúde. Com ela, Deus e meu filho terei forças pra vencer qualquer barreira.

Um dia seremos felizes!

Minha madrinha

Maria Bernardina de Sena Marques sempre fazia questão de usar seu nome completo em reuniões ou eventos na associação ou na igreja, e ainda usava seu apelido. Ela foi uma das melhores pessoas que já conheci e a quem amei profundamente. Minha tia, como vocês vão saber, era uma pessoa muito amiga de todos e de seus familiares. Lembro que, ainda criança, saía com a tia Iaiá pelo mato afora; não havia luz no morro, era tudo iluminado por lamparina ou candeia acesa. Eu morria de medo, mas amava tanto a aventura que me arriscava. Com o tempo, essa família se tornou a minha também.

Alguns anos depois, escolheram-na para me consagrar; foi a melhor escolha da minha vida. Ela se tornou minha madrinha, e também era madrinha de dezenas de afilhados aqui no morro e na região. Minha madrinha ajudou muita gente, matando a fome de muitos que precisavam, e eu estou entre essas pessoas. Vinicios sempre teve leite, pois, durante todo o tempo em que estávamos no morro, todos os dias ela trazia. Eu pedia a alguém para trazer o leite para o Vinicios, e minha madrinha sempre me dava uma lata de leite Ninho vazia, cheia de gordura e carne. E isso não era só comigo; havia outras pessoas que ela ajudava da mesma maneira.

Talvez alguém possa pensar que isso não é grande coisa, mas, para quem não tem o que comer, para quem já passou tanta fome a ponto de deitar sem comer e não saber como será o próximo dia, é a maior alegria. Comer era a única coisa que me preocupava; era meu único pensamento. Fiquei muito amiga da filha da minha madrinha, e somos amigas até hoje. Passei, então, a dormir nos finais de semana na casa da minha madrinha, e isso durou muitos anos. Eu estava presente em todos os aniversários da família.

Nascimento dos netos, casamento, em tudo eu e Vinicios estávamos presentes; e até hoje estamos. Era o ano de 1998; estava acontecendo a Copa do Mundo. Minha madrinha era muito animada em comemorações; ela tinha comprado fogos para soltar depois dos jogos. Seria a final do Brasil, que já tinha passado por todos os jogos com vitória. Na sexta-feira, 10 de julho, minha madrinha já estava com queixas de dores no ombro e no braço. Tomou alguns analgésicos e dois chás, mas nada resolveu. Eu, nesse dia, fui dormir na casa dela, como sempre fazia nos finais de semana. Na noite de sábado para domingo, ela continuava com as dores, mas teimava em não ir ao médico; tomava Dorflex, o que aliviava um pouco, mas logo o efeito passava e as dores voltavam. No dia 12 de julho, minha madrinha acordou e começou a preparar os frangos para o almoço, mas não conseguiu; pediu para Vinicios e o primo Ricardo chamarem meu padrinho, pois ela iria ao pronto-socorro. A dor estava insuportável. Ela tomou banho e chamou Ismael, que estava no curral, para levá-la. Meu padrinho chegou e começou a organizar as receitas antigas e os documentos na bolsa dela quando minha madrinha caiu deitada na cama onde estava sentada. Assustei-me e comecei a chamá-la, mas ela já não reagia. Isaías a carregou até o fusquinha de Ismael e eles a levaram ao pronto-socorro. Não lembro se meu padrinho José Martins também foi; só sei que ficamos arrasados e com muito medo que ela morresse. Apesar do medo, eu ainda tinha esperança. Não conseguia acreditar que ela não voltaria. Vicência dizia: "Mãe morreu, Rosinha, ela não volta com vida", mas eu repetia: "Ela volta, daqui a pouco ela chega". Infelizmente, Vicência tinha razão. Não sei se foi meu padrinho que nos disse, mas alguém chegou e falou: "Não teve jeito mesmo, no caminho ela deu o último suspiro". Nem sei explicar o tamanho da dor; igual a essa, só lembro a que senti quando minha mãe de criação se foi. Assim que soube, subi para a casa da única pessoa que podia entender toda a dor que eu estava sentindo naquele momento, dor que não cabia dentro do meu peito. Fui para a casa da Raimunda, onde chorei muito; ela me aconselhou e consolou. Eu não tinha forças para descer até a casa da minha madrinha e encontrá-la na sala. Raimunda desceu comigo, mas eu não consegui entrar na sala; entrei pelos fundos. Como seria nossa vida, como seria minha vida sem minha madrinha? Madrinha, que tinha tanto carinho por todos nós, estava indo embora. Quando era para puxar as orelhas, também puxava, mas com tanto amor e carinho que a gente quase sempre obedecia. Lembrei quando estava grávida de oito meses; gostava muito de usar frente única, shortinhos, meio pelada mesmo. Teve um domingo em que eu estava descendo com um desses trajes para o boteco do João Timóteo, outro personagem em nossas vidas. Minha madrinha estava varrendo o terreiro dela quando me viu e disse com todo carinho: "Ô, minha filha, não anda assim; você é uma dona casada, quase nos dias de ganhar neném. Volta, minha filha, veste um vestidinho. Não teima com sua madrinha, não!". Então eu subia e voltava, ficava escondida, esperando ela entrar para descer correndo com aquele barrigão todo. Ela morreu sem saber das minhas desobediências. Enquanto sofria com sua perda, recordava os bons momentos que passamos juntas. Minha madrinha estava indo embora para sempre, mas com certeza continuará no coração de muita gente através de seus filhos, netos e bisnetos. Foi uma honra e um privilégio; eu vi ali suas cartas endereçadas a mim, onde ela me referia como sua filha. Foi muito triste perder minha madrinha, mas foi bom fazer parte da sua vida e ser muito amada por ela. Minha madrinha, Maria Bernardina de Sena Marques, faleceu em 12 de julho de 1998.

Meus amiguinhos de quatro patas

Desde criança eu e meu primo de coração, o Marcelo, filho adotivo da Tita, amávamos tudo que é bicho, porcos, galinha, patos e, em especial, cachorros. Os outros terminavam com tia e Tita dizendo: "Vamos comer aquela galinha", "Vamos comer o pato", "Sábado vamos matar o Dengo (nosso porquinho)". Eu e Marcelo chorávamos demais. Lembro-me dele chorando e conversando com os bichinhos já mortos: "Ô, meu filho, pode ficar sossegado, eu não vou te comer!". Mas a fome era maior e acabava comendo. No dia que mataram Dengo, saíram comigo e Marcelo de madrugada para que não ouvíssemos os berros do porquinho, mas, quando retornamos, nós que chorávamos aos gritos. Por esse motivo tão sofrido, resolvemos que nossa família de estimação, a partir daquele dia, seria só de cachorros, porque ninguém ia comer. O primeiro foi um que apareceu no terreiro do barraco onde morávamos, lá no Jardim Montanhês, que mais tarde se tornou Jardim Alvorada. Colocamos o nome de Tiu. Era branco com manchas pretas. Depois de alguns anos, Tita mudou para Contagem e continuamos no bairro Jardim Alvorada, eu, tia e o Tiu. Depois, um vizinho nosso deu carne com vidro moído para o Tiu porque, quando ele passava, latia muito. Chorei muito vendo o sofrimento do meu cãozinho até morrer. Depois do Tiu, tive muitos outros cachorros que passaram pela minha vida: Taim, Guerreiro, Sargento, Laika, Canzilo e outros.

Nos últimos anos, de 2010 para cá, tivemos Tiazinha, mãe de Toddynho. Ela morreu em novembro de 2019, e ele em dezembro de 2020. Foi uma perda muito dolorosa. Em janeiro de 2021, perdi o Peludo. Esse foi abandonado aqui no quilombo todo enrolado em arame farpado. Minha irmã de coração levou o bichinho para casa, mas o marido dela não quis e acabou vindo aqui para casa. Como ele era carinhoso! Ficou comigo pouco mais de um ano. Assim que Toddynho se foi, ele também morreu, 22 dias depois. Eram muitos amigos, companheiros. Nessa época eu já tinha Perdido, que apareceu todo machucado. Cuidamos dele e ficou aqui em casa, mas era de todos. Vigiava todas as casas próximas à minha. Em 2015, meu filho e minha nora, voltando para casa em um sábado à tarde, encontraram uma cachorrinha abandonada em uma caixa na beira da estrada. Vinicios veio em casa, pegou o carro e voltou pra buscar a cachorrinha. Colocamos o nome dela de Princesa.

Princesa ficou, ou já estava, prenha. Teve Suzy, Suzeth, Sanção e Hulk, que morreu com um ano mais ou menos. Um tempo depois, aconteceu uma pandemia, e centenas de cachorros morreram. Dos filhos de Princesa, só Sanção sobreviveu. Até Princesa morreu. Foram dias terríveis em nossa comunidade, e na cidade também.

Agora, mais uma vez, estou passando por isso. Aproximadamente um mês atrás, perdi Sanção, último filho de Princesa. E nesta madrugada Perdido também se foi. Já há algum tempo começou um sangramento por baixo de uma das coxas traseiras. Coloquei remédio, dei medicamento e chás e mudei a alimentação. Ele estava se alimentando direitinho, mas foi enfraquecendo. Estava sempre junto de mim e de sua irmã, Samanta. Passei a sair e deixá-lo preso na área, com medo de algum carro atropelá-lo na estrada. Ontem meu Perdido começou a ficar bambo, não conseguia mais ficar de pé. Teve momentos que pensei que ele estava morrendo. Eu falava com ele o quanto eu o amava, parece que ouvia e entendia. Levantava a cabeça, me olhando com aqueles olhinhos clarinhos, depois os fechava, parecendo que dormia. Pensei que estava bem, fui dormir. Quando acordei, fui ver como ele estava. Só me esperou cochilar e se foi. Já eram duas horas da manhã. Foi muito triste, está sendo triste ficar sem meu Perdido, que agora virou uma estrelinha, que virou um anjo. Aliás, para mim, cachorros são verdadeiros anjos! Vai com Deus, meu Perdido, muito obrigada por ter me dado tanto amor sem esperar nada em troca. Eu tentei cuidar de você e dar todo amor que você mereceu. Agora somos eu, Samanta e Bethoven.

Meus avós de coração

A primeira vez que vim aqui no Quilombo Morro Santo Antônio, recordo como se fosse ontem. Alguém me trouxe no colo do ponto de ônibus do Joaquim Luiz até o morro, aí começou outra fase da minha vida. Novos personagens da vida real surgiram de todos os cantos do quilombo. Fui recebida com muito carinho e alegria, passando de um colo para o outro, e, aos poucos, fui conhecendo minha nova família. Tia Maria Luzia era mãe de Maria de Lourdes (Titita), que ficou como minha mãe de criação, e casada com Joaquim Pinto. Eles passaram a ser meus avós. Eu já os conhecia. De vez em quando eles iam no beco visitar a filha Titita e a sobrinha Tita. Conheci meus tios e tias, primos e primas de coração. Como era bom ser mimada por tanta gente! Em meus seis anos de vida isso nunca tinha acontecido, mas, com o tempo, descobri que infelizmente também existiam pessoas ruins no quilombo.

Quero falar um pouco dos meus avós de coração. Maria Luzia de Jesus Pinto é sinônimo de puro amor. Para mim, Maria Luzia foi a melhor pessoa do mundo para todo mundo. Todos gostavam muito de tia Maria Luzia. Vivia rezando o terço, 6h, 15h, 18h. Era o perdão em pessoa, sempre com uma palavra amiga e com um conselho para quem queria ouvir. Eu adorava tio Joaquim Pinto, mas ele tinha fama de ser briguento, namorador. Eu sempre fui esperta mesmo pequena. Ficava ligada, ouvindo os casos contados no cepinho, na beira do fogão de lenha. Momentos melhores que um programa de TV.

Como foi bom viver com eles. Foi em um desses momentos que descobri que um rapaz que sempre estava na casa de tia Maria Luzia era filho de tio Joaquim Pinto. Ele chamava José Antônio, tinha Síndrome de Down, mas naquela época não sabíamos identificar. Todos os dias José Antônio almoçava e jantava na casa de tia Maria Luzia. Achava ele muito divertido. Eu ficava impressionada de ver o carinho e o cuidado que tia Maria Luzia tinha com o filho do seu marido com outra mulher, que morava em frente à sua casa. Além disso, ele ainda a maltratava, e ela sempre alegre, sem reclamar. Tio Joaquim tinha mais um filho e uma filha com outras mulheres, amigas e parentes de tia Maria Luzia, e ainda tinha um romance com a nossa tia Zefina, irmã do pai de tia Maria Luzia. Tudo que tio Joaquim comprava para casa, tia Maria Luzia dividia com tia Zefina e a outra. Cresci com esses dois, Maria Luzia e Joaquim Pinto, fazendo parte da minha vida. Quando aprontava das minhas, tio Joaquim me chamava de bruaca. Em outubro de 1974, eu e tia estávamos em Belo Horizonte, pois ela fazia tratamento por causa da pressão descontrolada. Nesse período, recebemos uma carta daqui da roça. Era tia Maria Luzia pedindo que eu e tia viéssemos para casa. Disse até a data: "Esteja aqui no 18 de novembro", e assim fizemos. Arrumamos nossas malas e saímos no primeiro ônibus rumo a Itabira. Já na Rodoviária de Itabira, encontramos tio Caetano indo para Belo Horizonte, para a casa da filha. Tia ficou meio desconfiada de que algo tinha acontecido, com aquele pressentimento ruim. Começou a ficar aflita para chegar aqui na roça. Nessa época não tinha estrada. A gente vinha de ônibus até o ponto Joaquim Luiz e o restante do caminho era a pé ou a cavalo. Pegamos o ônibus no ponto de Itabira e encontramos vários parentes da tia vindo para a roça. Uma mulher desavisada deu os pêsames para tia pelo falecimento da tia Maria Luzia. Tia ficou desesperada, viajou aos gritos, subiu o morro amparada pelas primas, coisa mais triste. Quando chegamos, da estrada já avistamos o caixão. Tia Maria Luzia faleceu no dia que marcou para que nós viéssemos. Foi muito doloroso perder a minha, a nossa querida tia, avó de coração, tia Maria Luzia. Ela sempre me falava coisas como: "Moça não pode ficar dormindo até tarde. Quando casar, como vai fazer?". Eu respondia: "Eu não vou casar". Ela me respondia com versos: "Seus olhos são sempre lindos, seus lábios lindos são. Seus olhos dizem que sim, seus lábios dizem que não".

O cupim

Entre as histórias que ouvia sobre tio Joaquim, e o que presenciei no período que convivíamos juntos, dizia-se que ele era amado por uns e odiado por outros. Muita gente o respeitava e, ao mesmo tempo, tinha medo dele. Tio Joaquim gostava muito de dançar na fábrica da pedreira, onde hoje é a Barragem de Santana.

Nos anos 1950, várias moças trabalhavam nessa fábrica e, aos finais de semana, tinha os bailes. E nesses bailes tio Joaquim aprontava. De terno branco e chapéu Panamá. Não era alto mas forte. Preto igual braúna, era um homem bonito. Quando chegava no salão, chamava alguém para dançar e, se a moça não aceitasse, estava tudo bem, mas naquele baile ela não dançava com mais ninguém. E foi o que aconteceu. Depois de dar um peru em tio Joaquim, uma moça foi dançar com outro. Acabou o baile. Tio Joaquim puxou a moça pela canela e a soltou do andar de cima, segundo piso da fábrica. Começou o maior quebra-pau, a polícia chegou, tio Joaquim caiu no mato e a polícia foi atrás. Os contadores dessa história, inclusive o próprio Joaquim Pinto, contam que a polícia não conseguiu pegá-lo. Já no quilombo, entraram na plantação de café que tínhamos. Tio Joaquim sumiu. Depois, o que foi dito e o que o povo fala até hoje é que tio Joaquim sabia orações fortes que o transformavam em cupim. Ele ria quando contava esse causo, dizendo que os guardas chegaram até a sentar nele em forma de cupim. E assim foi tio Joaquim, bravo, rezador, brigador, mas, para mim, o meu carinhoso avô. Outra lembrança que tenho dele é que, quando acabava de almoçar e sentava no banco na pequenina sala de nossa casa de pau a pique, barreado de barro branco, ele tirava um cochilo com cigarro de palha na boca, e eu, sorrateira, pegava o cigarro de palha para fumar. Quando ele despertava do cochilo, ficava procurando para onde tinha ido o cigarro. Tio Joaquim às vezes se desentendia com sua filha, minha mãe de criação, porque ela não gostava do jeito que ele tratava tia Maria Luzia. Lembro que ele dizia assim: "Eu só não vendo aqui porque compadre Caetano me aconselhou muito, e eu também tenho a bruaca", que era eu. Hoje tenho belas recordações por causa dessas pessoas, com quem aprendi muitas coisas simples e lindas.

Tio Caetano e Zute

Outro que marcou muito minha infância e adolescência foi tio Caetano. Esse era o oposto de tio Joaquim: calmo, sereno, bem família. Os dois eram compadres, casados com duas irmãs. Tio Caetano era casado com Ruthi Vitória, irmã de tia Maria Luzia. Tio Caetano foi um dos maiores contadores de história depois de tia Josefina. Quase todas as noites nós íamos para a casa dele ouvir suas histórias, a maioria de assombração. Quando voltávamos para casa, era aquela gritaria pelo caminho afora. Eu morava ao lado da casa dele, um pouco à frente. Éramos uma turma, eu e as meninas de tio Zé Cirilo: Vera, Rosária, Erias, Zica, Terezinha, Irene e Maria Eugênia. Não lembro se tio Caetano e Ruthi Vitória já eram casados ou se estavam namorando para casar, porque naquele tempo era assim: namorou, noivou e casou. Tio Caetano, além de contador de histórias, era conselheiro de todos e aquele que colocava a paz em toda desavença no quilombo. Ele era a versão masculina de tia Maria Luzia. Não tem como falar de tio Caetano sem falar da esposa, tia Ruthi. Ele sempre calmo e ela explosiva. Tem uma história que ela sempre contava para nós, de um grupo de mulheres que ia para Itabira quase todos os dias mascatear. Levavam verduras, galinha, café pilado, enfim, tudo que tinha aqui na roça para vender ou trocar. Entre elas tinha uma parenta, Manuela, que toda vez ficava para trás. Falava com as companheiras: "Podem ir, eu alcanço vocês". Tia Ruthi era bem ciumenta. Começou a desconfiar da Manuela. Um belo dia, resolveu fingir que ia com as companheiras e voltou para se certificar do que tanto Manuela fazia, que sempre ficava para trás por algum pretexto. Qual não foi a surpresa de tia Ruthi quando viu a dita cuja entrando e chamando por tio Caetano. Tia Ruthi tinha entrado pelos fundos e apareceu de repente, deu um pulo para frente e falou: "O que você quer com meu marido, morena?". A mulher levou o maior susto. Tia Ruthi ordenou a ela: "Pega seu balaio e vamos embora mascatear, bruaca sem vergonha!". Tio Caetano ficava tranquilo, só dizendo: "Zute, Zute, para que isso, minha filha?". Era muito bonito ver o amor dos dois, com mais de sete décadas, e ela com um ciúme de namoro de adolescentes. Tio Caetano e tia Ruthi tiveram seis filhos, quatro homens e duas mulheres. Um dos filhos homens morreu quando criança. Naquele tempo morriam tantas crianças! Eu sei por causa do número de atestado de óbito que encontrei no meio dos documentos antigos dos filhos de tio Caetano e tia Ruthi. Apenas dois continuaram aqui no quilombo, e o outro retornou uns 50 anos depois, com mulher e seis filhos. A volta desse filho foi uma outra história. Aliás, toda a vida desse filho, que foi para a capital apenas com 14 anos, retornando anos depois com a família, foi uma verdadeira história!

O porquinho que não existia

Hoje estou recordando a época em que eu e tia morávamos lá na rua Flor do Baile, em Belo Horizonte. Nós mudamos para lá quando saímos do bairro Concórdia. Tia me matriculou na escola do bairro assim que mudamos. Quando eu voltava da escola, conheci uma amiga. Berenice era o nome dela. Berenice estudava em outra escola, mas o nosso trajeto era o mesmo, daí nasceu uma grande amizade. Dias depois, conheci as outras irmãs, Lila e Marta. Pensei até que eram gêmeas. Estavam sempre com os vestidinhos da mesma cor. Tia não deixava eu sair para casa de ninguém, era só da escola para casa e de casa para a escola. E eu ficava doida para ir na casa das amiguinhas. Tivemos uma grande ideia. Falei com a tia que ia fazer um trabalho com as meninas na casa delas, que moravam umas cinco casas depois do nosso barraco. Minha tia falou: "Não estou gostando nada disso", mas deixou. Para continuar com o nosso plano de poder frequentar a casa uma da outra, eu falei com a minha tia que dona Geralda, mãe das meninas, estava criando um porquinho para o Natal. Tia ficou toda feliz e interessada, quis conhecer dona Geralda e juntar lavagem para o porquinho. Mais que depressa eu disse que não era preciso porque o pai das meninas tinha um restaurante, de onde vinha a lavagem para o porquinho. Passamos o maior aperto no dia que minha tia resolveu ir na casa das meninas conhecer a dona Geralda e o porquinho famoso que não existia. Coitada da dona Geralda. Teve que entrar no grupo da mentira para nos ajudar. Quanto ao porquinho que não estava lá, falamos que foi levado para o restaurante. Assim não precisava trazer a lavagem. Na época de matar o porquinho que não existia, dona Geralda comprou um pernil e deu de presente à tia. Daí nasceu uma grande amizade entre dona Geralda e tia. Após o nascimento dos próximos sete filhos de dona Geralda, eu e tia estávamos sempre presentes na família. Minha tia nunca ficou sabendo da verdadeira história do porquinho que não existia.

Com 15, 16 anos começamos a sair para os bailinhos que sempre aconteciam nas casas de amigos. Naquela época era comum dançar em bailinhos na sala de casa. A gente ia para a casa da Geralda e do Darci, que eram os pais que todas queriam ter. Os dois sempre começavam os bailes fazendo uma apresentação de tango ou bolero. Foi assim que começamos a dançar. Pouco tempo depois, todos os domingos íamos pra matinê, o Sparta, no horário de 19h às 23h. Discotecas estavam no auge. Aquela música do Roberto Carlos diz tudo dessa época que vivemos hoje: "Meus domingos são doces recordações. Velhos tempos, belos dias!". Em pouco mais de um ano, não perdemos um domingo sequer. O que namoramos e beijamos enquanto dançávamos não tem conta. Quando tinha festa de formatura, íamos sem ser convidadas, era sempre assim. As amigas inseparáveis, Lila, Mara, Marta, Raquel e eu. Quando nós ficávamos sabendo que ia ter festa de formatura no Sparta, mandávamos fazer cada roupa mais linda para a festa e ficávamos na fila esperando algum amigo chegar com a irmã que ia formar. Entrávamos juntos como se fôssemos da família. Era muito legal. Passou tão depressa essa época! Quando completei 17 anos, tia inventou de voltar para a roça. Eu estava aprontando muito. Ela falava: "Não vou dar conta de terminar de criar Rosa aqui na cidade. Eu tenho que voltar pra roça". Foi a maior tristeza de toda a turma e principalmente a minha. Lila não tinha nem 18 anos, falou que ia me adotar, assim eu não precisava voltar para a roça. Tia também sabia como me enganar direitinho. Falou que íamos passar a Semana Santa aqui na roça porque sabia que eu adorava essa época, só para comer farinha de amendoim, e que depois da Semana Santa voltaríamos para Belo Horizonte. Eu acreditei, mas passou o domingo de Páscoa e nossa mudança é que chegou. Luiz, o marido da Tita, era motorista e conseguiu um caminhão onde trabalhava. Quando vi o caminhão chegando, gente, como eu chorei. Não queria ficar aqui de maneira alguma. Gostava muito de passar o final de semana aqui, mas, pra morar, não.

Aos poucos fui me adaptando aqui na roça. Todo mês tia ia a Belo Horizonte para receber sua aposentadoria, e eu ficava aqui. O "Zap" na época eram cartas que escrevíamos uma para a outra, assim era nossa comunicação. Aqui na roça eu já tinha minhas amigas também, Maria das Graças e Vicência em especial. Essas duas são minhas amigas até hoje, iguais às amigas que eu tenho em Belo Horizonte. Comecei a ir nos casamentos que aconteciam aqui na roça. Eram muito boas as festas de casamento! Eu já tinha uma turminha e todo final de semana íamos pra essas festas. Tinha casamento sempre, e sempre nossa turma estava lá. Andávamos mais de quilômetros a pé. Íamos eu, tia Josefina (nossa tia que faleceu com mais de 121 anos), minha madrinha, Vicência, meu padrinho e as meninas de tio Zé Vitório. Essa era a minha nova turma, e era muito bom dançar forró até o outro dia. Às vezes, quando chegávamos em casa, já passava das 11h da manhã. E assim foi durante alguns anos. Quando eu ia para Belo Horizonte, era discoteca, barzinho. Aqui era forró, casamento e, à noite, ia para a casa de tia Ruthi ouvir as histórias de tio Caetano. Isso continuou até minha tia passar a ficar mais tempo em Contagem, na casa da Tita, e eu aqui sozinha sem ela. Não gostava. Não consegui ficar muito tempo, principalmente por causa da prima dela que mora aqui do lado e que era, e é, o cão chupando manga. Em outra ocasião eu conto a história dessa prima da minha tia... Tia alugou um porão lá perto da casa da Tita e assim voltei para Belo Horizonte.

Lojas Americanas

Assim que eu cheguei, comecei a procurar um emprego. Não tinha grandes pretensões. Sempre quis ser apenas balconista nas Lojas Americanas. Meu sonho era esse. E sempre falava em escrever nossa história me referindo à adolescência e juventude. Para trabalhar nas Lojas Americanas foi uma luta. Consegui, sim, entrar com contrato de final de ano, só para o Natal. Fiquei apenas um mês e 15 dias. Quando passou o contrato, fui dispensada. Desempregada, passei seis meses tentando trabalhar em qualquer comércio.

Eu sempre vinha para o centro de Belo Horizonte. Já havia conferido todos os anúncios do *Estado de Minas* e não conseguia nada. Dinheiro para pagar a passagem todos os dias não tinha. Eu pedia dinheiro na rua dizendo que perdi o dinheiro da passagem para voltar no outro dia e lanchar. E vinha sempre acompanhada de uma colega, Cristina. Minha tia sempre me alertava: "Rosa, Rosa, enquanto você estiver com essa menina, não vai conseguir nada". Foi dito e feito. Sempre tinha algum empecilho e eu não conseguia. Como eu disse, no dia que eu fui só, não tinha mais lugar para olhar. Querendo conseguir alguma vaga, sentei em um banco na Rua dos Carijós. Eu estava com o jornal nas mãos, mas já havia olhado todos os anúncios. Chegou um rapaz, sentou ao meu lado e perguntou se eu emprestava o jornal. Também estava procurando emprego. Eu passei para ele o jornal e ele me perguntou: "Você já foi no BH Shopping?". Eu respondi: "Como que eu vou conseguir emprego em um shopping se nem para descascar alho no Ceasa eu consegui?". Eu me sentia muito para baixo. Esse rapaz então me disse: "Vamos lá". E eu disse: "Eu não tenho dinheiro da passagem". "Eu pago a sua passagem. Eu já venho há alguns dias procurando vaga para gerente", ele me disse. Então resolvi seguir. Nós pegamos o ônibus e fomos para o Trevo de Nova Lima, no BH Shopping, que tinha inaugurado naquele ano. Chegando no shopping, olhamos várias lojas. Quando chegamos nas Lojas Americanas, eu falei: "Aqui eu não vou conseguir porque trabalhei de contrato nas Lojas Americanas do centro, e saí foi dispensada", mas mesmo assim nós entramos. Carlos era o nome do rapaz. Carlos perguntou se havia vaga para gerente e a moça respondeu que não, e para balconista ela falou "também não". Quando eu já estava na porta, ela falou: "Olha, aqui tem uma vaga para balconista, mas à noite". Eu respondi: "Eu trabalho até de madrugada, minha filha, estou doida para trabalhar". Voltei para fazer o teste, mas, quando ela viu minha carteira, falou: "Não precisa fazer teste porque você já trabalhou nas Lojas Americanas do centro". Eu fui contratada numa sexta-feira e comecei a trabalhar na segunda-feira, 1º de junho de 1979. Comecei a trabalhar e com 15 dias a moça que era minha encarregada foi dispensada da loja porque teve um problema. Eu passei a ser a chefe de sessão e fiquei por muitos e muitos anos. Nesse período que eu trabalhava nas Lojas Americanas, a minha tia morava comigo. Nas férias e nos feriados, eu vinha aqui para o morro. Minha tia não conseguiu voltar para cá. Sempre doente, inchada. Infelizmente, quando chegou o dia 18 de setembro de 1982, nós perdemos minha tia. Morreu de repente. Eu e ela estávamos juntando dinheiro para passar o domingo na casa da Tita... Ela entrou na casa de uma amiga e lá morreu. Morreu de repente, caiu. Eu levei um choque muito grande. Foi a perda da minha mãe de toda a vida, a mãe que eu conheci. Eu sofri muito. Fiquei um tempo morando nesse porão. Nessa época eu já namorava com Zico, que algum tempo depois se tornou meu marido. Depois eu voltei para a casa da Tita, que morava lá pertinho. Ela falou que não tinha motivo de eu continuar pagando aluguel e que eu podia morar na casa dela. Voltei para morar com Tita e lá na sua casa eu continuei trabalhando. Ainda nesse trabalho, me casei em 29 de julho de 1983, menos de um ano depois que minha tia morreu. Eu me casei e morei um tempo em Belo Horizonte, mas passei por muitos problemas lá. Depois de alguns anos, resolvi voltar para a roça. Meu marido também gostava muito daqui e também falou: "Vamos para lá". Nós viemos e, depois de muitas tentativas de tentar sair do trabalho, eu entrei num acordo e eles me mandaram embora.

FONTES Freight Text Pro
PAPEL pólen bold 90g/m²
IMPRESSÃO Gráfica Assahí, outubro de 2025
1ª edição